RÉFLEXIONS

ADRESSÉES

A M. LANJUINAIS,

PRÉSIDENT DE LA CHAMBRE DES REPRÉSENTANS.

IMPRIMERIE DE C. L. F. PANCKOUCKE.

RÉFLEXIONS

ADRESSÉES

A M. LANJUINAIS,

PRÉSIDENT DE LA CHAMBRE DES
REPRÉSENTANS,

SUR

LE BON SENS POLITIQUE,

APPLIQUÉ A L'EXAMEN

D'UNE CONSTITUTION LIBRE.

PARIS,

Chez Delaunay, libraire, Palais-Royal, galerie de bois,
et chez les Marchands de nouveautés.

1815.

RÉFLEXIONS

ADRESSÉES

A M. LANJUINAIS,

PRÉSIDENT DE LA CHAMBRE DES REPRÉSENTANS,

Sur le bon sens politique, appliqué à l'examen d'une Constitution libre.

CHAPITRE PREMIER.

Pour pouvoir porter un jugement éclairé sur une Constitution, il n'est pas suffisant de se guider d'après le bon sens naturel, il faut encore appeler à son secours le bon sens politique. Cette sorte de bon sens est le résultat des méditations les plus profondes sur la civilisation des nations.

L'homme a été créé pour une vie sociale ; mais la vie sociale existe de trois manières : en premier lieu, parmi des nations sauvages qui vivent de la pêche et de la chasse ; ensuite, parmi les peuples pasteurs ; et enfin parmi les peuples éminemment civilisés.

La vie sauvage étant donc le premier mode

d'existence de la vie sociale, et conforme aux dispositions innées dans l'homme, on conçoit que dans tout autre état de société il faut faire quelque violence aux sentimens naturels de l'espèce humaine. On ne doit donc pas s'étonner s'il arrive souvent qu'on sentira et qu'on parlera d'après cette sorte d'instinct moral avec lequel nous sommes nés. Mais cet instinct sera insuffisant et ne fait que nous induire en erreur, dès le moment que la vie sociale ne se ressent plus de sa première simplicité, et que l'homme adopte la vie pastorale, et encore moins dès qu'il embrasse la vie civilisée.

Pour jouir des avantages de la vie civilisée, il faut qu'une nation adopte l'agriculture, une religion et des institutions compliquées. Quand on est convaincu de la nécessité de ces trois choses pour qu'une nation soit civilisée, alors on possède en partie le bon sens politique qui est indispensable pour juger d'une constitution.

Mais il y a encore d'autres considérations d'une haute importance; c'est que toute Constitution doit être en harmonie avec le génie d'une nation, avec sa situation géographique, avec le voisinage d'autres peuples, avec l'étendue du territoire et avec la force de sa population. On conçoit donc que le parfait bon sens politique est une chose très-difficile à acquérir, et qu'il doit être très-rare de le trouver parmi la plupart des individus d'une nation civilisée.

CHAPITRE II.

Sur la condition la plus essentielle pour l'existence d'un peuple civilisé.

Un peuple civilisé est censé jouir d'une existence indépendante, quand il est assez fort pour faire la guerre avec un ou plusieurs des autres peuples voisins. Déjà la guerre influe sur la composition des nations sauvages, et elle influe aussi sur les limites et la force des nations civilisées.

Si plusieurs peuples voisins sont grands et nombreux, un petit peuple ne saura long-temps soutenir son indépendance; mais si les peuples environnans sont petits, un petit peuple peut maintenir son indépendance. C'est ainsi que les États, en Asie, ont été en général très-grands, tandis que dans l'ancienne Grèce et dans l'ancienne Italie, il existait à-la-fois plusieurs États très-petits. Si dans l'Europe moderne plusieurs petits états ont été soufferts, cela est dû à des circonstances particulières; mais aussi on doit observer que ces états n'ont pas joui de la faculté de faire la guerre et la paix d'une manière entièrement indépendante.

Cette considération de guerre est si impor-
tante, que dans les îles où aucune communica-
tion ne peut avoir lieu avec aucun autre peuple,
on trouvera que toute nation se divise en deux
ou plusieurs états, afin de pouvoir se faire la
guerre.

Quand le voisinage permet à un peuple d'être
indépendant, il existe chez ce peuple un certain
mode de civilisation. L'histoire nous en présente
particulièrement sept, dont les traits sont diffé-
rens :

1º. Le système des *castes*, où toute la population est divisée, par la naissance, en différentes
classes ; les enfans suivant constamment la condition de leurs pères. (Dans l'Inde encore à présent, autrefois en Égypte et dans d'autres états.)

2º. Le système purement *théocratique*, où
l'on suppose que l'interposition immédiate de la
Divinité a une constante influence. (Chez les
Juifs autrefois, dans le Thibet et ailleurs.)

3º. *Point de distinction de naissance ni de
droits à la propriété territoriale,* excepté dans
la famille du souverain, qui est revêtu d'un pouvoir absolu. (En Chine, en Turquie, en Perse.)

4º. Le système de *deux classes* par naissance, les *hommes libres* et les *esclaves,* la seconde classe de beaucoup plus nombreuse : une
ville principale la seule résidence du Gouverne-

ment. (Les anciens états des côtes de la Méditerranée, les Carthaginois, les Grecs, les Romains, etc.)

5°. Un autre système de *deux classes* par naissance, les *nobles* et les *serfs*, les premiers n'affectant point de vivre dans une seule ville, et les derniers attachés à la glèbe. (En Russie, en Pologne et en Hongrie.)

6°. Le système *féodal* ou *militaire* adopté dans toute l'Europe occidentale, depuis la chute de la puissance romaine.

7°. Le système du *droit universel* de propriété territoriale, par succession ou acquisition, en payant les impôts : les fonctions publiques accessibles à tous ; bien que quelques distinctions de naissance aient été introduites ou conservées par suite de la féodalité. (La Suède et la Norwège en tous temps, et maintenant dans presque tous les états de l'Europe occidentale.)

CHAPITRE III.

Sur la liberté politique dans le septième système.

Il faut définir la liberté d'un peuple de l'Europe occidentale : la jouissance, par les diverses classes d'habitans, de l'importance politique au-

tant que pourront le comporter le but de perfec-
tionnement graduel de la civilisation, et la sûreté
intérieure et extérieure de l'Etat.

Aucun mot n'est plus susceptible d'interpréta-
tion et d'application erronée, que le mot de
liberté. En général, les êtres ou les choses sont libres, quand ils peuvent agir d'après leur nature ;
mais comme la nature a prescrit certaines lois, rien
n'est indéfiniment et absolument libre. L'homme
sauvage est libre : il jouit d'une grande importance et d'une grande influence individuelle
dans sa peuplade, et cependant, d'après sa nature
sociale, il est forcé de suivre les usages et les
résolutions de sa horde.

Une nation petite ou grande peut posséder une
parfaite civilisation, sans jouir d'aucune liberté
politique. Il y a même des modes de civilisation
avec lesquels cette liberté est tout-à-fait incom-
patible. Les trois premiers systèmes de civilisation que nous avons indiqués dans le chapitre
précédent, sont de cette dernière espèce ; ils
excluent toute possibilité de liberté politique.
Parmi les quatre autres, où cette liberté peut
exister, le quatrième, ou celui des anciens états
de la Grèce et de l'Italie, est le plus favorable à
cette liberté, mais seulement pour un petit
nombre de citoyens ou de nobles, distingués
par la naissance au-dessus de la masse des habi-

tans, qui était composée de malheureux esclaves.

Ainsi donc la nature de la *liberté politique se modifie suivant le système particulier de civilisation*, et il ne peut pas exister de définition générale de cette prérogative précieuse. C'est précisément cette circonstance qui a jusqu'ici mis tant de vague dans les expressions des auteurs sur la liberté politique.

Le septième système de civilisation, ou celui adopté à présent dans presque toute la partie occidentale de l'Europe, est très-susceptible de liberté politique. C'est en Angleterre où le modèle le plus parfait de la liberté politique européenne doit être cherché; et cependant la situation géographique de cet état insulaire n'en permet pas une imitation parfaite dans les grands royaumes du continent.

CHAPITRE IV.

Sur l'origine de la liberté politique en Angleterre.

On a adopté sans fondement, dans tous les ouvrages de politique, qu'il doit entrer dans la liberté politique d'une nation deux ingrédiens essentiels, le pouvoir aristocratique et le pouvoir démocratique. La plus légère attention à la vé-

ritable nature du quatrième systèmè de civilisation, ou celui des anciens états de la Grèce et de
l'Italie, suffit pour proscrire l'usage de ces deux
termes grecs, aussi impossibles à traduire en
aucune langue moderne, qu'inapplicables à la
constitution d'aucun peuple actuellement exis-
tant sur la surface de la terre. Ces dénominations
n'avoient pour but que de distinguer deux classes
de nobles dans des états où la masse de la population étoit esclave. Mais aujourd'hui aucune
masse de population indigène, en Europe,
n'étant soumise à cet horrible joug d'esclavage
personnel, toute la politique grecque et romaine
ne doit être regardée que comme un pur monu-
ment historique, uniquement capable de satisfaire
la curiosité, et nullement pour servir de base à
une constitution solide en fait de gouvernement
et de liberté politique parmi les nations mo-
dernes.

D'autres publicistes prétendent que dans une
grande monarchie tempérée, il y a trois branches
de pouvoir qui se balancent, celui du monarque,
celui de la noblesse et celui du peuple. C'est encore une erreur. En statique comme en politique, il n'est pas possible que trois corps se *balancent* entre eux : il en résulteroit l'immobilité.
Chez une nation qui veut jouir de la liberté politique, il ne peut exister que deux pouvoirs,

celui du gouvernement d'un côté, et celui de la nation de l'autre.

Et telle est la véritable base de la liberté politique des Anglais; base méconnue non-seulement par les écrivains du continent, mais par ceux d'Angleterre même. Ce pays a eu le bonheur d'échapper jusqu'ici à l'établissement d'une caste particulière, connue sur le continent sous le nom de *noblesse;* et il jouit de ce privilége éminent sans le savoir et sans jamais avoir su apprécier cet inestimable avantage.

Dans les langues de l'Europe occidentale, les mots *noble* et *noblesse* ont une quadruple signification : 1°. Ce mot est censé exprimer des familles privilégiées parmi les anciens Romains (et c'est de la langue latine que vient ce mot), chez lesquels tous les citoyens, ou hommes libres, formaient un corps entier de noblesse. 2°. Quand on dit des nobles hongrois, des nobles polonais et des nobles russes, cela indique la portion principale de ces nations, en opposition avec des serfs attachés à la glèbe. 3°. Le mot de noblesse appliqué à des familles entières, désigne une caste à part dans la nation, et qui jouit d'une foule de droits et de prérogatives au-dessus des non-nobles ou des roturiers. 4°. En Angleterre, le mot de noblesse n'a qu'une signification empruntée, et se dit par allusion à une distinction connue sur le continent ; mais les hommes ne pouvant pas transporter sur tous les membres de leur famille les prérogatives et les honneurs attachés à la noblesse, on sent qu'il n'y existe point de véritable noblesse de caste à perpétuité.

Or, il est évident que la nation anglaise n'ayant jamais eu chez elle la distinction humiliante qu'entraîne à sa suite la séparation d'une nation en deux grandes castes, l'une ayant des droits héréditaires à certaines exemptions d'impôts, à certains honneurs et à certains emplois, dont l'autre serait regardée comme incapable par défaut de naissance noble, il a été possible en Angleterre d'établir et de jouir d'une bonne liberté politique, car toute la nation était réunie d'un côté, et balançait le pouvoir du roi de l'autre.

C'est un sujet digne de la plus grande attention des politiques sur le continent, de remarquer par quel bonheur singulier l'Angleterre a échappé à cette institution de noblesse qui, pour ainsi dire, a divisé chaque nation en deux peuples ennemis, éternellement opposés et jaloux l'un de l'autre ; ce qui a jusqu'ici mis un obstacle insurmontable à l'établissement d'une véritable liberté politique dans les autres grands états de l'Europe où cette distinction existe encore.

L'histoire nous enseigne que l'Angleterre fut soumise successivement par plusieurs peuples étrangers, par les Romains, les Saxons, les Angles, les Danois et les Normands. Cette circonstance devait produire en général une sorte d'esprit public dans une île, entre toutes les classes d'habitans et prévenir l'établissement d'une noblesse. Mais ce qui devrait encore plus favoriser cet esprit public, c'est que les Saxons avaient introduit un usage commun aux peuples du nord, aux Danois, aux Norwégiens et aux Suédois, savoir que les rois devaient consulter leur nation dans toutes les grandes occasions, et rien n'était censé légal sans le concours de la volonté du roi et du peuple. Une ancienne coutume, chez ces nations, assignait aussi une certaine portion du territoire en prés, en terre labourable et en bois, comme constituant une sorte de patrimoine capable de nourrir une famille pour laquelle un homme devait se tenir prêt à marcher contre l'ennemi et à faire partie de l'armée ; certains autres impôts publics se réglaient également d'après cette base ; mais il paraît qu'en Angleterre plusieurs de ces portions, sous le nom de *hide*, pouvaient être accumulées dans une seule main. Les anciennes lois de ce pays parlent des hommes qui possédaient quarante *hides*, et qui jouissaient de certains droits pour se trouver aux assemblées nationales appelées *wittenagemote*. Ce fut dans cet état de choses que l'institution féodale fut introduite par les Normands ; et cette institution n'étant dans sa pureté qu'un avantage seulement individuel pour la personne qui possédait un fief, il n'en résultait aucune distinction héréditaire pour tous les membres d'une famille. Ainsi le seigneur portait seul le titre du fief, titre qui n'appartenait dans les âges successifs qu'à l'aîné de la famille, dès qu'il était feudataire à son tour. Ce n'est que cette sorte de noblesse propriétaire qui existe en Angleterre, et qui, par imitation de la noblesse européenne, a adopté les titres de duc, de comte, de baron et de chevalier.

Il en est tout autrement de la noblesse héréditaire du Continent. Les distinctions dans les familles se maintinrent en Italie, après la destruction de la puissance romaine. Une foule de petits États indépendans se formèrent en Italie sur les ruines de la république, et il s'y trouvait toujours un certain nombre de personnes, descendant des anciennes familles romaines, mâles et femelles, qui se regardaient comme distinguées par leur naissance. Les rois de France et d'Allemagne se mêlèrent souvent des affaires d'Italie, et furent l'un après l'autre proclamés empereurs romains. Il était naturel alors de chercher à copier les institutions de l'Italie. Les feudataires en France et en Allemagne s'étant constitués les véritables propriétaires de leurs fiefs, distinguèrent depuis tous les membres de leur famille par le nom de nobles. On réclamait la franchise d'impôts, on se réservait les honneurs et les fonctions publiques, etc. Ainsi une usurpation fut suivie d'une autre, et la noblesse de famille fut introduite dans la plupart des États du continent de l'Europe.

A présent on conçoit l'avantage de l'Angleterre, quant à l'absence de la noblesse à la manière du Continent. Les grands et les petits propriétaires, et tous les habitans en général en Angleterre, eurent constamment le même intérêt pour soigner leur liberté politique. Point de jalousie d'un côté, ni de mépris de l'autre. Toutes les classes d'habitans se réunirent constamment contre le pouvoir abusif de leurs rois, sans qu'aucune de ces classes ait stipulé des droits particuliers en sa propre faveur.

CHAPITRE V.

Sur la nature de la liberté en Angleterre.

L'homme sauvage, en vertu de sa disposition naturelle pour la vie sociale, ne peut jamais être parfaitement libre ; et encore moins l'homme civilisé, car il doit toujours se soumettre aux institutions qui contribuent à la formation et au maintien de la civilisation. Or, la vie civilisée demande impérieusement une magistrature et de l'obéissance à ses commandemens ; des distinctions suivant les fonctions, de l'inégalité de fortune par droit d'hérédité ou par acquisition, diversité d'occupations et de travaux, des lois, des tribunaux, de la monnaie, des contributions, du service militaire, etc., etc. Ceux qui prétendraient pouvoir rejeter ou refuser toutes ces choses sous prétexte qu'elles pourraient gêner la liberté politique, doivent se jeter dans les forêts et joindre les hordes sauvages : de telles personnes ne sont pas faites pour vivre chez une nation civilisée. Mais voici ce qui est du ressort de la liberté politique ; les magistrats peuvent être censurés et rendus responsables de leurs *ordres* ; les *fonctions* peuvent être conférées par élection ; les *distinctions* accompagnées de mérite personnel ; des hommes *fortunés* encouragés à faire un bon usage de leurs richesses et à les acquérir ou à les augmenter par des voies honnêtes et licites ; les *occupations* et les *travaux* librement entrepris et duement salariés ; des *lois équitables* et les mêmes pour toutes ; les *tribunaux* exempts de partialité et de trop de sévérité ; les *contributions* librement consenties et proportionnellement réparties, le *service militaire* modérément encouragé ; etc., etc., etc.

En nous proposant d'examiner la liberté politique anglaise, il se présentera des restrictions importantes qui n'ont pas lieu parmi les peuples sauvages ; l'Angleterre étant un pays très-civilisé et une grande monarchie, il ne peut être question que de la *moindre somme de restrictions,* ce qui sert à caractériser l'importance politique des Anglais.

1°. Le trône est héréditaire dans la famille régnante : la personne du roi inviolable, mais ses ministres sont responsables.

2°. Les ministres et tous les fonctionnaires sont nommés d'après leur mérite personnel, sans égard à leur naissance.

3°. La représentation nationale est divisée en deux chambres, mais composée de personnes qui toutes ont à cœur de défendre les droits et les priviléges de la nation. Les lords sont des conseillers nés du roi, et siégent en vertu du droit d'hérédité à de grands domaines. La chambre des communes est composée de membres librement élus par la nation. Comme il n'y a pas de noblesse proprement dite de familles entières, il est évident que la seule chambre des pairs serait suffisante pour maintenir la liberté politique en Angleterre. *C'est cet immense avantage du même esprit et du même intérêt dans les deux chambres, qui a fait et qui doit faire éternellement la force de la liberté politique dans ce pays.* Car il ne peut exister que deux forces qui se balancent dans une monarchie tempérée, celle du monarque et celle de la nation. Les lords ne sont donc à regarder que comme de grands propriétaires, qui, afin de jouir de plus de considération, ont l'avantage de parler par droit d'hérédité au nom de la nation ; mais le reste de leurs propres familles ne fait qu'une partie intégrante de la nation, sans aucune prérogative, sans pouvoir même porter le nom du chef de la famille, parce que ce nom est attaché à la possession d'une propriété indivisible.

C'est donc en Angleterre où le problême difficile a été résolu, savoir : d'avoir une représentation nationale qui réunît la respectabilité de la personne, aux yeux de la multitude, à une élection libre de la part de la nation. La première chambre, ou celle des lords, remplit la première condition, et la seconde chambre assure à la nation en général la faculté d'envoyer des députés temporaires ; et cette dernière chambre sera par conséquent très-remarquable par ses talens et ses lumières, ayant été composée d'hommes qui se sont fait connaître d'avance par toute sorte de mérite personnel, sans devoir rien à la naissance.

4°. *Les richesses sont possédées sans jalousie, et la probité encouragée.* Une foule

d'hommes respectables , qui parmi les lords pos-
sèdent des fortunes immenses , donnent l'exemple
imposant que toutes sortes de vertus peuvent ac-
compagner la richesse.

5°. *Les travaux et les peines duement salariés.* Un lord sachant que les membres de sa
propre famille n'ont pas d'autres ressources pour
vivre que ce que peut leur procurer les talens et
le mérite personnel, sentira tout le prix de la justice de salarier équitablement les peines et les
travaux.

6°. *Des lois équitables.* La vie civilisée peut
subsister avec les réglemens et les restrictions les
plus oppressives pour la masse des habitans d'un
Etat. Chez les Grecs et les Romains , cette masse
était composée d'esclaves. Les lois et les usages
de la féodalité furent excessivement oppressifs
pour la généralité des sujets dans les monarchies
de l'Europe ; mais la non-existence d'une noblesse héréditaire et la liberté politique en devaient préserver l'Angleterre.

7°. *Des tribunaux impartiaux.* Dans les anciens États des Grecs et des Romains , toute la
grande masse de la population ne pouvait jamais
avoir recours à aucun tribunal ; étant composée
d'esclaves, les maîtres exerçaient sur ces êtres
malheureux le droit de vie et de mort sans res-
ponsabilité envers les magistrats. Mais d'un autre

côté, les hommes libres ou les citoyens, quand ils étaient accusés d'un crime, étaient traités d'après des formes judiciaires les plus indulgentes. Les juges étaient tirés au sort parmi toute la classe des citoyens : des plaidoyers éloquens étaient entendus avec l'attention la plus scrupuleuse, et la pluralité seule des voix des juges déterminait de l'innocence ou de la culpabilité de l'accusé.

Dans les monarchies de l'Europe, la féodalité produisit beaucoup de vexations et de punitions arbitraires pour les classes inférieures des habitans. Mais l'Angleterre a joui depuis une haute antiquité de l'institution bienfaisante du jury, institution qui s'est soutenue jusqu'à nos jours, et qui même a été adoptée dans quelques autres pays sans que les écrivains politiques, ni en Angleterre ni sur le Continent, se soient jamais bien pénétrés ni de son origine, ni de sa nature.

Tous les peuples du nord de l'Europe où n'avaient pas pénétré les armées de Rome, et où ne fut pas connue la civilisation apportée par les colonies romaines, avaient un certain mode grossier, mais suffisant au besoin des nations ignorantes, pour juger des accusations en matières criminelles. Chez ces peuples germaniques, à la manière des sauvages, il n'existait d'autre plainte que celle qui n'avait pas été as-

soupie par un accommodement entre les parties : point d'accusateur public, point de re-
cherches de l'auteur du crime au nom du chef de
la nation. Ainsi les juges n'avaient d'autre fonction que de prévenir la vengeance individuelle,
dans les cas seulement où un individu portait sa
plainte devant le tribunal contre un autre individu désigné. Il en résultait l'obligation de l'accusé de se défendre, non pas contre la vindicte
publique, mais contre la vindicte de la partie
lésée. Pour cet effet l'accusé qui pouvait se justifier par le serment de ses voisins, de six
hommes dans des cas légers, et de douze dans
ceux graves, était censé innocent.

Cette manière de procéder appartient incon-
testablement à une civilisation très-impar-
faite, et les usages adoptés dans ce premier âge
de la civilisation seront nécessairement inapplicables dans un autre, où la civilisation a atteint
un degré suffisant de maturité et de raffinement.
C'est ce qui est arrivé depuis que la *paix du roi* a
été proclamée, et que les crimes publics sont
poursuivis au nom du roi en Angleterre. Il a
fallu des tribunaux ; mais on a conservé en
partie l'ancienne manière du jury, et de là s'est
effectué un mélange bizarre de la barbarie des
conquérans saxons, avec tout le raffinement d'un
tribunal romain.

En effet, les jurys, composés de douze hommes, n'agissent ni comme témoins, car ils n'ont rien vu, ni comme juges, car ils ne peuvent pas librement voter ; ils doivent être unanimes dans leur conviction, ce qui, dans des cas douteux, est une chose impossible. Le législateur l'a si bien sentie cette impossibilité d'une unanimité réelle, qu'une peine ignominieuse est attachée à toute discordance entre les membres du jury qui se prolonge au-delà de quarante-huit heures. Ces douze hommes doivent alors, suivant la loi, être promenés sur des ânes, le visage tourné vers la queue, à travers de l'endroit où se tient le tribunal, et être exposés à la risée publique. Un autre jury est convoqué pour se décider à l'unanimité ou pour subir le même traitement.

Mais un tribunal composé de douze hommes qui, par une unanimité forcée, portent d'un côté toute l'apparence d'agir comme témoins, sans cependant avoir rien vu, et qui d'un autre, par leur décision, condamnent ou absolvent sans être ni appelés ni regardés comme juges temporaires, est aux yeux de la raison une monstruosité juridique. Il est donc constant que l'ancienne manière a été tout-à-fait changée ; au lieu de pouvoir se justifier d'une accusation par douze témoins appelés par l'accusé, on a substitué l'organisation d'un tribunal, où douze hommes appelés par le magistrat prononcent comme des juges, et peuvent condamner un accusé, qui même pourrait se présenter avec douze, vingt-quatre, ou plus de témoins, pour sa justification.

C'est à la philosophie politique à rechercher la cause de ce phénomène, en fait d'organisation judiciaire, et d'expliquer l'avantage supposé de cette unanimité fictive et nullement réelle, dans la décision des jurés.

Ayant à considérer l'institution du jury en Angleterre en soi-même, et comme établie à l'usage des sujets d'une grande monarchie tempérée où tous sont égaux devant la loi, on doit s'arrêter à quelques principes généraux qui prêteront un grand appui à cette singulière organisation des tribunaux anglais.

Il y a plusieurs choses qui contribuent à rendre un tribunal respectable, de l'impartialité, la délibération approfondie, de l'inflexibilité et de la modération. L'institution du jury, en Angleterre, remplit bien ces conditions : on se persuadera donc facilement qu'elle ne doit pas être rejetée légèrement, nonobstant sa bizarrerie apparente et même réelle.

Dans un pays comme l'Angleterre où les classes inférieures de la population jouissent d'une parfaite indépendance personnelle, il arrivera naturellement que la plupart des crimes auront pour auteurs des hommes de la populace. Mais comme on veut que cette portion nombreuse de la nation s'intéresse à la liberté politique et sente une espèce d'importance personnelle, il est très-utile de lui inspirer une confiance sans bornes dans les jugemens des tribunaux. Il arrivera aussi par fois que des accusations seront dirigées de la part du roi et de ses ministres contre des personnes qui seront censées avoir offensé le souverain et avoir attaqué les prérogatives de la couronne. Dans ces cas, il est encore précieux d'avoir pour juges des hommes qui ne fléchiront jamais devant l'influence du pouvoir : or tous ces avantages se trouvent réalisés par l'institution du jury anglais, et seraient difficilement remplacés par toute autre manière de juger.

La prétendue unanimité n'est qu'une jonglerie juridique dans sa nature, car elle est dans plusieurs cas théoriquement impossible. Quant à son effet pour l'accusé, il est encore indifférent s'il est condamné par la majorité ou à l'unanimité ; mais dans la plupart des cas, cette unanimité présente une forte garantie en faveur de l'innocence, car en forçant les membres du jury à bien débattre entre eux le pour et le contre, on empêche toute précipitation ; et d'après la disposition générale des hommes désintéressés, l'opinion qui absout trouvera mille moyens pour faire fléchir celle qui condamne, en cas que la condamnation fût le but de l'inflexible obstination d'un petit nombre ou d'un seul membre du jury.

Cependant l'impossibilité de la recherche scrupuleuse des crimes et leur punition graduée, suivant leur gravité, sont deux défauts inhérens à la procédure anglaise par jury. Mais aussi longtemps que cette nation ne trouvera pas de raisons suffisantes pour changer les bases de cette institution, il faut à son honneur plutôt regarder ces défauts, peut-être moins importans à corriger dans ce pays que sur le continent de l'Europe. Du reste, assez d'autres occasions prouvent que des abus ne sont pas partout également sentis, ou au moins pas également faciles à corriger, quand une longue suite de siècles a consolidé leur existence. La représentation nationale est infectée des vices les plus crians en Angleterre sans qu'il ait été jamais possible d'y faire justice.

8°. *Les contributions librement consenties et proportionnellement réparties.* Une circonstance qui a contribué à fortifier la liberté politique en Angleterre, c'est l'égalité dans l'acquittement des impôts. Il a toujours entré dans les attributions d'une nation libre de consentir aux impôts publics. Mais des possessions territoriales privilégiées, et d'autres exemptions ont créé

mille obstacles à pouvoir maintenir les avantages
de la liberté sur le continent. L'Angleterre a constamment joui du bonheur d'échapper au fléau d'i-
négale répartition des contributions, qui a si
longtemps fait le malheur des autres monarchies,
où la féodalité a été établie. Ce mal s'est souvent
empiré au point qu'on a vu la jalousie contre
les exemptions des nobles dans les impôts, sug-
gérer au tiers-état le malheureux expédient de donner un pouvoir absolu au monarque, et ainsi sacri-
fier toute la liberté politique. L'Angleterre n'ayant
dans l'origine, comme tout pays barbare, que
des revenus territoriaux, les lords ou les grands
propriétaires consentirent aux impôts également
répartis sur les terres. Avec le temps, quand l'in-
dustrie et le commerce furent introduits et pros-
pérèrent, plusieurs autres branches de revenus
publics furent créées. Alors la taxation des villes
et des communes fut fixée et consentie par des
personnes résidant dans chacun de ces endroits. Le
gouvernement trouvait souvent plus de libéralité
dans les représentans des villes que chez les
grands propriétaires : de là un usage aussi juste
qu'avantageux pour la couronne, de s'adresser
aux premiers plutôt qu'aux derniers, quand il
s'agissait de secours extraordinaires. Enfin les
taxes indirectes étant beaucoup plus productives
que les impôts territoriaux, il a été convenu que

la chambre basse aurait l'initiative par rapport aux impôts et aux contributions, tant ordinaires qu'extraordinaires. Il en est résulté l'avantage immense que tout l'odieux, qui souvent est la suite des nouveaux impôts, supposés avoir été accordés avec trop de facilité par des personnes riches, est devenu le partage des représentans des villes et des communes, et qu'ainsi les lords échappent à tout reproche de ne pas assez soigner l'intérêt des classes inférieures moins aisées dans l'état. La liberté politique, quant au consentement des impôts, est donc fixée sur les bases les plus avantageuses en Angleterre.

9°. *Le service militaire modérément encouragé.*

Dans toute monarchie, le roi est le chef de l'armée ; et l'ame de l'armée est l'obéissance, la subordination et la discipline. Or, il est évident qu'une force armée, qui obéit aveuglément au chef de l'Etat, devient par sa nature un objet de méfiance pour les habitans qui ont à cœur de maintenir la liberté politique. Aussi le parlement en Angleterre a soigneusement surveillé cette partie de l'administration publique. A Londres, dans la partie proprement dite de la ville, les habitans jouissent même du privilége qu'aucun corps de soldats ne peut ni y entrer, ni y séjourner sans la permission du lord-maire.

On conçoit que cet état de méfiance et de déconsidération dans l'opinion publique, qui en tout temps a été le sort de l'armée de terre en Angleterre, est produit d'un côté par la crainte de voir la force armée être employée à détruire la liberté, et d'un autre par le peu de besoin d'une armée permanente dans un état entouré partout par la mer. C'est un avantage qui est dû uniquement à la situation de ce royaume, de n'avoir presque point de villes fortes ni d'autres espèces de fortifications. Aucune armée ne pouvant donc y entrer inopinément, on sent qu'il est moins nécessaire d'être sur ses gardes, et l'esprit militaire doit y être moins encouragé que sur le continent, où les grandes puissances se touchent par leurs frontières étendues.

CHAPITRE VI.

Application de la liberté anglaise à la France, sous quelques rapports particuliers.

Il sera de toute éternité entièrement impossible d'établir et de maintenir en France la liberté politique au degré étonnant que ce privilége, si honorable pour tout homme pensant et vertueux, existe en Angleterre. Cette jalousie infatigable contre le monarque et ses ministres, qui en tout temps a été l'ame de la liberté politique en Angleterre, serait non-seulement difficile à susciter et à soutenir en France, mais, ce qui est encore plus désespérant, pour arriver à une imitation parfaite de ce modèle, une telle jalousie serait très-nuisible à l'existence et à l'indépendance même de cet état, environné comme il est de tous côtés de voisins puissans. Il faut donc se contenter de faire ce que l'on peut, en fait de liberté politique, pour la France, sans viser à une perfection impossible à atteindre. Des esprits superficiels, des hommes enflés de théories erronées, des législateurs qui croyaient pouvoir devancer toute expérience, promettaient à la France, dans le commencement de la révolution, de surpasser les Anglais en fait de liberté politique. Ils doivent être cruellement détrompés de nos jours, où, malgré des essais de toute nature, depuis vingt-cinq ans, il reste démontré que loin d'effacer l'éclat de la liberté politique des Anglais, on se voit forcé de chercher à imiter la Constitution anglaise, et même sans pouvoir se flatter de jamais atteindre à sa perfection. En effet, la cause principale du haut degré de la liberté politique en Angleterre, doit être attribuée à sa position géographique, qui lui donne la mer pour frontière. Par conséquent le législateur qui croira pouvoir établir en France une liberté politique pareille à celle des Anglais, se trompe grossièrement.

Nous avons, dans le deuxième chapitre, insisté sur le point de voisinage, quant à l'existence et l'indépendance d'un État. Ce point est facile à saisir ; mais que la situation insulaire contribue dans un grand royaume à fonder et à maintenir un haut degré de liberté politique, c'est une observation qui jusqu'ici n'a été ni assez sentie, ni assez méditée. Et si telle est l'importance de cette situation géographique, que rien au monde ne puisse la suppléer où elle n'existe pas, on se persuadera facilement que la théorie de la liberté politique a été jusqu'ici très-imparfaitement exploitée. Toute maxime sur la manière particulière de vivre, doit naturellement être subordonnée à la condition de pouvoir exister : or, avant que d'aviser aux moyens d'organiser et de maintenir la liberté politique dans un pays, il faut indispensablement soigner l'indépendance de la nation : alors, par une suite nécessaire, plus cette indépendance est facile à maintenir, plus aussi la liberté politique sera, chez un tel peuple, grande et étendue. Mais il est évident que la France ayant des frontières très-étendues, et étant avoisinée par plusieurs grandes puissances, son indépendance sera aussi plus difficile à maintenir que celle du royaume d'Angleterre. En France, il faut une armée nombreuse, animée d'un sentiment vif pour la gloire militaire, et respectée par toutes les classes d'habitans ; il faut des forteresses, et des garnisons constamment exercées ; il faut soigneusement entretenir la confiance et l'attachement au chef de l'Etat ; il faut éviter tout esprit de parti et de désunion entre les habitans, afin que des ennemis jaloux ne se prévalent pas des troubles intérieurs pour faire des conquêtes et le démembrement de l'Etat. Or, qui ne voit pas alors tous les désavantages de la France en fait de liberté politique, en comparaison aux immenses moyens que présente la situation insulaire pour favoriser cette liberté en Angleterre.

Il doit donc être reconnu parmi tous les politiques éclairés, que toutes les parties de la liberté anglaise ne pourront jamais être parfaitement copiées en France. Nous allons donc examiner l'application qu'on pourra faire à la monarchie française, en quelques cas particuliers, surtout des trois principes de cette liberté, savoir : 1°. la pairie ; 2°. le jury ; et 3°. l'armée.

1°. *La pairie en France.* L'esprit de la Constitution française est le même que celui de celle des Anglais, de ne pas consacrer l'existence d'une noblesse héréditaire de caste, ou une noblesse qui s'étende à tous les descendans d'une

famille indistinctement, par droit de naissance.
C'est la nature de la pairie en Angleterre,
d'être attachée à une seule personne d'une famille à-la-fois, et c'est cette qualité qui interdit
toute comparaison entre la noblesse en Angleterre, et celle que l'usage des patriciens avait
inventée, et que la féodalité avait imitée dans la
plupart des monarchies de l'Europe. La France a
donc bien fait d'imiter cette institution des Anglais. Il y a cependant une observation impor-
tante à faire dans l'imitation parfaite de la pairie
en France. Le nom même d'un pair, en Angleterre, n'est jamais porté que par un seul homme
à-la-fois. Ainsi donc il sera expédient, outre le
nom de famille d'un pair, nom qui peut être
partagé avec des milliers de personnes, d'ajouter
une dénomination qui sera exclusive. On choi-
sira ou on tirera au sort entre les pairs, les
noms des villes principales en France, et ce sera
ce nom seul qui distinguera un pair dans les actes
publics et dans la société. Ainsi on dira Son Ex-
cellence le pair de Versailles, de Rouen, de
Dijon, etc., ce qui sert à distinguer la personne
qui est véritablement en possession de cette émi-
nente dignité héréditaire, sans qu'aucun de sa
famille ne puisse exciter de jalousie aux yeux de
la nation, ni prétendre à aucune injuste préfé-
rence que l'usage et l'honnêteté pourraient en

quelque sorte justifier, par respect pour un nom de pair, et l'influence des autres membres connus de sa famille.

2°. *Le jury*. Il est hors de doute que l'unanimité du jury pour condamner ou pour absoudre, qui forme la base de la procédure criminelle en Angleterre et en Amérique, ne soit une bonne institution dans un pays libre, quand elle a été consacrée par un long usage, et surtout exercée par des peuples sérieux et méditatifs. On est en outre d'accord d'avouer que cette unanimité, dans des cas douteux, ne peut être que fictive, et qu'en réalité la conscience d'une partie du jury cède à celle de l'autre partie. Il est même douteux que la loi pénale en Angleterre, contre un jury qui n'a pas pu s'accorder, ait jamais été appliquée; et en Amérique, où le gardien du jury est exposé à une amende considérable, en cas que le jury se sépare avant d'être convenu d'un jugement unanime, il arrive que les membres du jury, après de longs débats, se sauvent, en se cotisant, pour payer l'amende du gardien. Mais cette prétendue unanimité du jury lui ôte aussi la qualité et la dénomination de juges; et cependant, malgré cette violence de la raison et du langage, on ne saura nier qu'une assemblée d'hommes, dont la libre décision décide de la vie ou de la mort d'un accusé, n'exerce en toute réalité une fonction de juge, surtout en se guidant, comme ils le devraient faire, d'après les inculpations de l'accusateur public, les dépositions des témoins et les plaidoieries des avocats.

Une imitation parfaite de cette procédure par jury ne peut jamais être adoptée ni même proposée en France. Cependant, sans pouvoir se rendre raison ni de l'origine de cette institution, ni de son inapplicabilité dans un siècle éclairé, parmi une nation vive et impatiente, on s'est attaché à la seule considération, qu'il est impossible que deux grands peuples libres puissent conserver pour cette institution une prédilection outrée, à moins qu'elle ne renferme un moyen très-puissant pour atteindre et conserver la liberté politique. On a donc tâché de remédier aux défauts que l'on a cru y observer, mais malheureusement ce qui est foncièrement absurde est souvent empiré par de prétendues améliorations. Des Français agiront éternellement comme juges et jamais comme jury ; il faut donc donner une organisation raisonnable aux tribunaux criminels en France d'après les besoins d'une nation éminemment civilisée, et désigner ses opérations par des mots clairs et intelligibles dans sa propre langue.

Chez tous les peuples civilisés, un tribunal est composé d'un ou de plusieurs hommes, qui sont appelés juges dans toutes les langues. Mais ces juges sont ou des hommes qui toujours exercent cette fonction, ou bien des personnes qui ne l'exercent que par occasion : on pourrait appeler les premiers juges perpétuels, et les seconds des juges temporaires.

Dans des juges perpétuels, on redoute la précipitation, la vénalité et la trop grande sévérité. Dans des juges temporaires, on espère de trouver de la délibération, de l'impartialité et de la modération.

Mais comme la liberté consiste dans un sentiment d'importance politique, les fonctions judiciaires, exercées temporairement par des personnes bien famées dans un état libre, contribuent donc à la liberté politique.

Telles étaient les bases de la composition des tribunaux par des juges temporaires dans les anciens États de la Grèce et de l'Italie. Mais le système de civilisation dans ces États était tout particulier. Un nombre d'hommes libres, formant une véritable caste de nobles par leur naissance, employaient à leur service, et pour faire les travaux, une quantité dix fois plus considérable d'esclaves, sur lesquels les maîtres avaient le droit de vie et de mort, étant privés de toute protection légale. Les nobles ou les citoyens avaient donc beaucoup de loisirs; ils pouvaient s'instruire de leurs lois : leur naissance leur tenait lieu de fortune et de richesses ; on ne devait jamais rencontrer parmi eux des crimes de cupidité, ni de vol, ni de violence afin de s'enrichir subitement ; encore moins pour se mettre à l'abri des besoins importuns. Toutes les accusations devaient être simples dans leur nature : la défense d'un accusé pouvait être une tâche honorable et désintéressée. Des amendes ou l'exil étaient les seules punitions généralement appliquées à toutes les offenses publiques.

Dans le système de civilisation de l'Europe occidentale, toutes ces choses sont différemment constituées. Il faut donc que les tribunaux en France soient organisés en harmonie avec son système de civilisation, et autant que cela se peut avec la liberté politique.

Il paraîtrait donc que tout homme qui doit être rangé parmi la classe des juges temporaires doit avoir de l'instruction et de l'aisance : c'est par ces deux qualités que se distinguaient les juges temporaires dans les anciens Etats de la Grèce et de l'Italie. Et quand ils sont en fonctions, sous la direction d'un juge perpétuel, ils doivent être regardés comme juges et traités comme juges par l'accusateur public, par les témoins et par les avocats ; car faisant les fonctions de juges, pourquoi ne seraient-ils pas honorés de ce nom pendant le temps borné que l'on emploie leur service ?

D'après notre système de civilisation, où la disposition de sa propre personne est justement adoptée pour tous, il arrivera souvent que la plus grande partie des malfaiteurs se trouvera parmi les hommes du peuple qui ont contracté des habitudes criminelles. Mais souvent ils ne pourront pas être légalement convaincus des crimes atroces dont ils sont accusés : la sûreté publique demande donc impérieusement que le tribunal puisse exercer un pouvoir discrétionnaire de s'attacher à tout autre crime accessoire qui pourrait avoir été prouvé à la charge de l'accusé. Il paraîtrait donc utile qu'un homme de loi fût adjoint aux douze juges temporaires, après s'être retirés pour délibérer, afin de les guider dans la rédaction d'un rapport par écrit dont ils seraient convenus à la pluralité des voix, et qui servirait de base à l'application de la peine que doit prononcer le juge perpétuel.

On doit aussi s'aviser d'un moyen pour empêcher auprès des tribunaux, en France, toute burlesque parade d'une imitation de Cicéron, plaidant pour un noble à Rome, quant au fond il ne s'agit que d'un vil malfaiteur, ou rebut de la société, d'un incendiaire, d'un chauffeur, d'un voleur de grande route ou d'un faux monnoyeur, dont les forfaits lui auraient procuré de l'argent, ou auquel se serait intéressé un compagnon de crime pour acheter la longue plaidoierie d'un avocat immoral et déhonté. Des patrons et des cliens de cette espèce sont un véritable scandale pour tout tribunal du monde. En Angleterre, l'avocat d'un malfaiteur convaincu se borne, par sentiment de décence, pour toute défense, de le recommander à la pitié et à la miséricorde du jury.

Quand les tribunaux criminels seront ainsi organisés en France, on obtiendra tout ce qu'il est possible d'atteindre. L'innocence sera protégée et le crime sera poursuivi : la sûreté de l'homme probe et industrieux sera raffermie, et une crainte salutaire arrêtera des hommes adonnés aux vices et aux crimes ; et ce qui est l'essentiel, toute la nation, en concourant aux fonctions judiciaires, sentira cette importance politique, qui est l'ame de la liberté. Ces tribunaux ne ressembleront point parfaitement ni à ceux des anciens Etats de la Grèce et de l'Italie, ni à ceux d'Angleterre, mais ils porteront l'empreinte de la liberté politique, et ni la raison, ni la langue ne seront outragées, comme dans l'institution bizarre du jury. Ceux qui exercent les fonctions de juges, seront appelés juges pendant qu'ils siégeront au tribunal; et, en rédigeant un rapport circonstancié sur le degré de culpabilité de l'accusé, ils agiront comme des juges éclairés sans prétendre à une unanimité ridicule, ni risquer de relâcher dans la société un être dangereux sans punition, dès que le chef principal d'accusation n'a pas été suffisamment prouvé.

Il ne peut pas échapper non plus à tout homme qui raisonne que la manière anglaise de se prononcer absolument par un *oui* ou un *non* dans une accusation qui présente une foule de circonstances douteuses, est en soi-même impossible, et se sent d'un temps de barbarie et de grosse ignorance. Aussi les Romains avaient naturellement trois manières de voter parmi les juges : une boule portait l'inscription *A* (*absolvo*); une autre *C* (*condemno*), et une troisième *N L* (*non liquet*). Cette dernière indiquait que les preuves n'étaient suffisantes ni pour absoudre, ni pour condamner ; et cependant il ne s'agissait parmi les Romains que des nobles, c'est-à-dire, des hommes qui, par droit de naissance, jouissaient des avantages immenses attachés à la qualité de citoyen. Mais qui ne voit pas que parmi une populace libre, suivant le système de civilisation de l'Europe occidentale, il doit se présenter des crimes atroces si compliqués et si bien cachés qu'il sera impossible de se prononcer pour ou contre le coupable : il est donc prudent de laisser le soupçon planer sur la tête d'un homme dangereux, afin que si, avec le temps, des circonstances nouvelles pouvaient confirmer son crime, il puisse être repris en justice et condamné. Cette manière existe dans quelques autres pays en Europe : on renvoie l'accusé, mais il est mis, dit la loi, sous le jugement de Dieu et de l'avenir, pour une information plus ample.

3°. *Sur l'encouragement et l'importance qu'il faut donner à la force armée en France.* Il est essentiel de considérer l'influence de la force armée dans un état libre. Dans les anciens états de la Grèce et de l'Italie, les citoyens ou les nobles, la plus petite portion de la population, devaient tous être prêts de faire partie de la force armée, et les guerres étaient fréquentes entre ces états. On conçoit qu'alors la liberté politique ne périclitait nullement de l'influence de la force armée. En Angleterre, l'état de paix et de désarmement général est regardé comme l'état naturel de ce pays insulaire. Mais dans le temps de guerre, l'armée étant entièrement à la disposition du roi, et la nation soupçonnant fortement qu'un usage destructif de la liberté pourrait être fait de la force militaire, tient les yeux ouverts sur tout corps armé, et le regarde avec un sentiment de crainte et de jalousie. On y est opposé à l'idée des places fortes et de fortifications, et c'est au point, comme nous l'avons déjà dit, que la partie de la ville de Londres, appelée la Cité, regarde comme un grand privilége qu'aucun corps de soldats ne puisse y séjourner, ni même passer à travers des rues sans la permission du maire. Tout l'amour et l'affection de la nation se porte vers la flotte, ses officiers et matelots. La possibilité d'une telle méfiance envers les troupes de terre, comme instrument de l'oppression de la liberté politique, est évidemment fondée sur la situation insulaire de l'Angleterre. Rien de tout cela ne peut avoir lieu en France : l'armée de terre, comme un moyen de défense et de conquête, est nécessairement aimée et respectée. Il faut des forteresses et des garnisons partout pour la sûreté du pays, et l'état militaire doit être honoré au-dessus de toutes les autres professions. Le chef de l'Etat doit surtout s'intéresser vivement pour le bien-être de l'armée ; il doit s'en faire aimer, et toutes les classes des habitans doivent souhaiter l'accord le plus intime entre la force armée, le Gouvernement et la nation toute entière.

La considération de l'existence et de l'indépendance du royaume vis-à-vis des puissances voisines, sera en tout temps un objet majeur dans l'esprit de la nation française. Les expressions de jalousie et de vigilance contre l'armée, le monarque et ses ministres, que l'on répète en toute occasion en Angleterre, seraient presque criminelles en France, où la sûreté contre les attaques du dehors dépend en grande partie de l'union et de la concorde entre l'armée, le chef de l'Etat et la nation. On peut juger, d'après cette différence immense dans la manière de regarder l'armée, de l'étendue de la liberté politique en Angleterre, et combien cette liberté doit être resserrée en France. La liberté des débats dans la représentation nationale et de la presse, se ressentira aussi, dans les deux pays, de la même différence. L'étonnante liberté politique des Anglais vient donc principalement de leur situation géographique, et la première règle sous ce rapport, pour le bons sens politique, sera d'étudier la mappe - monde avant de raisonner sur la liberté, d'après des principes soi-disant stables, et partout également applicables.

FIN.